HEILGEBETE

Seelengespräche mit Deinen Engeln

Sabine Göbel

HEILGEBETE

Seelengespräche mit Deinen Engeln

Bibliografische Information der Deutschen Nationalbibliothek:
Die Deutsche Nationalbibliothek verzeichnet diese Publikation in
der Deutschen Nationalbibliografie; detaillierte bibliografische
Daten sind im Internet über www.dnb.de abrufbar.

Haftungsausschluss

Dieses Buch dient einzig der Information über spirituelle, geistige und energetische Methoden. Die in diesem Buch beschriebenen
Methoden und Empfehlungen ersetzen keinesfalls die professionelle
medizinische oder therapeutische Behandlung. Die Anwendung der
empfohlenen Übungen, Methoden oder Meditationen wie auch der
Gebete unterliegen der eigenen Verantwortung im Rahmen der Gesund-
heitsvorsorge. Weder die Autorin, Herausgeber, noch die Vertriebs-
spartner haften für die beschriebenen Verfahren und Anwendungen. .

Impressum

© 2021 Sabine Göbel
Herstellung und Verlag: BoD - Books on Demand, Norderstedt
ISBN: 978-3-7528-9788-3
Umschlagfoto: iStock.com/RomoloTavani

Inhalt

Einführung

Liebe Leserin, lieber Leser,

ich möchte Sie mit Hilfe dieses Buches in eine Welt der kleinen und großen Wunder, die Welt der erhörten Gebete, einladen.

Es ist eine Welt jenseits des offensichtlich sichtbaren, es ist die Lichtsphäre der Engelwelt.

Wir alle verfügen über den magischen Schlüssel, um durch unsichtbare Lichtpforten Zugang zu finden in den Raum der Heilung. Diesen Schlüssel tragen wir wohlbehütet in unseren Herzen.

Unser Herz ist das Lichtzentrum unseres Seins, es ist die Residenz unserer unendlichen Befähigung zur Liebe und es ist der sichere Platz in uns, der unseren eingeborenen göttlichen Lichtfunken beherbergt.

Das spirituelle Herz verbindet uns mit jedem Pulsschlag mit den Ebenen der göttlichen All-Einheit.

In der modernen Quantenphysik und in der Quanten-heilung, der Zwei-Punktmethode, wird dieses Feld der universellen Liebe auch das Nullpunkt-Feld genannt.

Es ist der Raum der absoluten Stille, es ist der Punkt aus dem das Universum zu atmen scheint.

Weniger poetisch betrachtet ist es ein unendliches Feld, in dem alles möglich ist. Der Ausgangspunkt für das was wir Wunder nennen würden.

Es ist das Feld, das auf kohärente und inkohärente Wellen reagiert. Die Basis des Resonanzgesetzes.

Doch ich möchte mich an dieser Stelle nicht in der Quantenphysik verlieren.

Wir könnten den heiligen Raum unserer Herzen im Spiegel der morphischen Felder nach Rupert Sheldrake betrachten. Alles ist Information, Energie und Schwingung.

Wir sind wesentlich feinstofflicher und lichtdurchfluteter, als es uns bewusst ist.

Zurück zu dem Schlüssel in unseren Herzen, es ist die lichtvolle Befähigung unserer Seele die Lichtwege des Gebetes zu beschreiten. Wenn wir unsere Gebete in das Universum aufsteigen lassen, verlassen wir auf der Informations- und Schwingungsebene unsere physische Begrenzung.

Unsere Gebete steigen auf und reisen in Lichtgeschwindigkeit, ihr Treibstoff ist unsere Bereitschaft mit dem Herzen zu sehen und zu verstehen.

Wir werden zu positiven Licht-Resonanzfeldern, wenn es uns gelingt, in fast spielerisch, kindlich anmutendes Urvertrauen zurückzufinden.

Es gibt ihn, den Heilungsraum den wir in unseren Gebeten betreten können, einen Raum der Transformation, jenseits von Leid, Sorgen und Schmerzen.

Wir sollten einfach offen sein für die kleinen und großen zauberhaften Dinge in unserem Leben, die wir anziehen, wenn wir bereit sind eine spirituelle Abenteuerreise zu starten.

Achtsamkeit, Meditation und die christlichen Mystiker würden es eine kontemplative Versenkung nennen, können eingeübt werden und unsere selbstauferlegten Begrenzungen sprengen.

Sie benötigen keine theologischen Kenntnisse, es ist nicht ausschlaggebend welche Glaubensbilder Sie in sich tragen.

Wichtig ist lediglich der Glaube an das eigene spirituelle Zentrum, Ihre Befähigung zur Liebe, Ihr Herz.

In diesem Buch möchte ich Sie ermutigen, öfter Dinge, die Sie belasten, rechtzeitig loszulassen und im Gebet an die Lichtwelt der göttlichen Quelle abzugeben. Zeiten des Gebetes sind Atempausen in unserem Alltag.

Gebete tragen unsere Anliegen und Wünsche zur göttlichen All-Einheit, den Raum der Heilung.

Wenn wir beten, führen wir Seelengespräche mit den Engeln an unserer Seite und unsere Herzen verbinden sich mit der Kraft und der Liebe der göttlichen Quelle.

Wählen Sie zwischen Anrufungen, die Sie selbst zu gestalten lernen, und traditionellen überlieferten Heilgebeten.

Tauchen Sie ein in die faszinierende Lichtwelt der Engel und der Heiligen.

Starten Sie Ihre spirituelle Reise in den Raum der Heilung!

Die Heilkraft des Gebets

Mit diesem Buch möchte ich Sie mitnehmen in eine moderne, spirituelle Form der Gebetspraxis. Doch bevor wir vertiefend in weitere Ebenen eintauchen, möchte ich von ganzem Herzen meinen tiefen Respekt vor den alten, traditionellen Gebeten zum Ausdruck bringen. Es ist mein Bestreben, mit den überkonfessionellen, transzendenten Gebeten und Gebetsvorschlägen, die ich aus der Engelwelt übermittelt bekomme, keine traditionellen religiösen Gefühle zu verletzen.

Der Dalai Lama bringt es in seinem Zitat wunderbar auf den Punkt:

„Das Herz aller Religionen ist Eins!"

Er spricht mir aus dem Herzen...

Ich verneige mich vor allen großen Weltreligionen, wenn sie aus liebendem Herzen lichtvoll praktiziert werden. Ich möchte jedoch Ihr spirituelles Selbstbewusstsein stärken und Sie zu einer Form des Betens inspirieren, die ich eher als Seelendialoge mit dem Göttlichen bezeichnen würde.

Natürlich sind alle Gebete ein Dialog mit der himmlischen Ebene, doch zum Teil sind die sehr alten Gebete leider auch bisweilen mit einer gewissen Schwere im Energiefeld belastet.

Unter dieser energetischen Schwere verstehe ich unter anderem die persönlichen Verknüpfungen und Erinnerungen die uns mit der Ausübung der traditionellen religiösen Praxis verbinden.

Das Beten an sich ist in nicht zu unterschätzendem Ausmaß immer auch Biographiearbeit.

Es führt uns zurück in die eigene Kindheit, in der wir zumeist die ersten Anleitungen zur Gebetsausübung erhalten haben. Zurück zu unseren privaten Gebetsvorbildern, unseren Eltern, Großeltern, später dann der Religionsunterricht und so weiter.

Da ist gefühlt nicht allzu viel Luft für eine eigene, authentische, lichte Kommunikation mit den himmlischen Sphären.

Das positive daran ist jedoch die Grundsteinlegung, das theoretische Rüstzeug für unsere eigenen Lichtwege im Gebet.

Was wir auf alle Fälle wiederentdecken sollten, ist eine fast kindliche Hingebungsfähigkeit, die im noch unverletzten Urvertrauen stehende Glaubensbereitschaft an höhere Mächte.

Beten ist letztendlich ein tief emotionaler Erfahrungsprozess der spirituellen Dimensionen. Gebete sind zum einen kurze Meditationen, die unseren Alltag wie über eine Lichtbrücke mit dem universellen, göttlichen Heilungsfeld verbinden, zum anderen tragen sie unsere Anliegen in die himmlischen Dimensionen.

Mit unseren Gebeten sprengen wir unsere physische Begrenzung und können unsere Schwingung erhöhen und so wieder in ein Gefühl des Vertrauens und der Leichtigkeit zurückfinden.

Wie schon erwähnt, ist der Ausgangspunkt unserer Gebetshaltung in unseren Herzen verankert.

Das bedeutet, wir sollten, bevor wir mit unserer intensiven Gebetserfahrung beginnen, grundlegende Vorbereitungen treffen.

Wenn unsere Gebete die von uns erhoffte Erhörung erfahren sollten, dürfen wir zuvor unseren Beitrag leisten. Unsere Gebete sollten reinen Herzens ausgesandt werden, das heißt wir dürfen uns im Vorfeld mit unseren Blockaden beschäftigen.

Das Wichtigste ist eine gelungene Vergebungsarbeit. Wenn wir uns selbst mit Gram und Groll beschweren und nicht bereit sind Vergebung zu gewähren, schwingen wir selbst zu schwer um in die Leichtigkeit der erfüllenden Gebetsenergie einzutauchen.

Ein weiterer Aspekt ist im Blickwinkel der Reinkarnation einzuordnen.

In jede neue Inkarnation bringen wir nicht nur positive, bereits in früheren Leben erlernte Fähigkeiten und Talente mit, sondern auch uns begrenzende schmerzliche Erfahrungen.

Aus diesem Grund kann ich Ihnen die Gebete zur Herzöffnung am Ende dieses Kapitels aus meiner Erfahrung mit der Gebetsheilung im wahrsten Sinne des Wortes ans Herz legen.

Die göttliche Quelle erhört unsere Gebete, ob wir die Wunder in unserem Leben erfahren die wir erhoffen, liegt in unseren Händen. Wir dürfen lernen, uns für die Fülle in unserem Leben zu öffnen.

Das Geheimnis liegt in der Fähigkeit zu empfangen und mit offenem leichtem Herzen zu beten!

Erzengel Chamuel Anrufung zur Herzchakra-Öffnung:

Im Namen des Vaters
bitten wir dich, Erzengel Chamuel,
Engel der Herzen und der Liebe,
öffne unsere Herzen für die heilende
Lichtkraft der göttlichen Quelle!
Schenke uns die Kraft, emotionale und
mentale Verletzungen zu transformieren.
Umhülle und heile die Verletzlichkeit unseres
Inneren Kindes mit deinem heilenden Lichtstrom!
Schenke uns die Kraft, denen zu
vergeben, die uns auf unserem Lebensweg
beeinträchtigt und verletzt haben!
Beschenke uns mit der Vergebung für
jene, die wir aus unserer menschlichen
Fehlbarkeit heraus verletzt haben!
Schenke uns die Kraft, der bedingungslosen
göttlichen Liebe in Achtsamkeit zu begegnen.
Erhöhe die Schwingungsfrequenz unserer Herzen,
bewahre unsere emotionale Kraft und Zuversicht!
Segne unsere Wege und unsere Lebens-
freude mit Deinem Licht.
Im Namen des Vaters, des Sohnes
und des Heiligen Geistes!
Danke!

Erzengel Raphael-Anrufung zur heilenden spirituellen Herzöffnung:

Im Namen des Vaters,
bitten wir dich, Erzengel Raphael, Engel der
Heilung und des grünen Lichtstrahles,
öffne unsere Herzen für die heilende
Lichtkraft der göttlichen Quelle!
Schenke uns die Kraft, die Anhaftung emotionaler
und mentaler Verletzungen zu transformieren!
Befreie uns von energetischen Verstrickungen,
verbinde uns mit der Heilkraft der göttlichen Liebe!
Fördere unsere spirituelle Entwicklung und
stärke unsere Wahrnehmungsfähigkeiten!
Aktiviere die Schutzkraft unserer Aura und
stärke die physische Kraft unserer Herzen!
Schenke uns die Kraft, alte traumatische
Belastungen zu erkennen, loszulassen
und zu transformieren.
Verbinde uns mit der Heilkraft der göttlichen
Quelle, um den Informationsspeicher
unseres Zellbewusstseins zu leeren!
Segne uns auf unserem Lebensweg
der Bewusstwerdung,
schenke uns die Kraft, unsere Urängste
zu erkunden und in die Heilkraft
des Urvertrauens einzutauchen.

Öffne unsere Herzen für den göttlichen
Heilstrom, der für uns vorgesehenen
Fülle und Versorgung, erhöhe unsere
Schwingungsfrequenz und transformiere
unser menschliches Mangelbewusstsein.
Schenke uns deine Unterstützung für die Kraft
der Vergebung, der Dankbarkeit und der Liebe.
Stärke unsere Fähigkeit, die göttliche Liebe
und das göttliche Licht in allen Lebewesen
zu erkennen, zu achten und ihnen mit der
angemessenen Wertschätzung zu begegnen.
Aktiviere unsere Selbstheilungskräfte und
segne unsere Wege mit deinem Licht!
Im Namen des Vaters, des Sohnes
und des Heiligen Geistes!
Danke!

„Die eigentliche Heilung geschieht, sobald das
Herz sich öffnet und das zuvor verdrängte,
abgelehnte oder verstoßene Gefühl aufnimmt".

Safi Nidiaye

Heilige Mutter Maria,
Göttin der Herzen, der Liebe, der
Fruchtbarkeit und des Friedens.
Segne unseren Lebensweg mit dem
Licht deiner Liebe und Fürsorge!
Verbinde uns mit dem Strom der
göttlichen Versorgung,
nähre unsere Seelen mit deiner
endlosen Güte und Barmherzigkeit!
Wir bitten dich um deine göttliche Fürsprache
zum Schutz unserer physischen
und seelischen Gesundheit!

Behüte das Göttliche Licht in unseren Herzen und
stärke die Kraft unseres Glaubens und unsere
Fähigkeit, aus der Liebe der göttlichen
Quelle zu schöpfen und zu leben!
Befreie unsere Seele von alten karmischen
Verstrickungen, Gelübden, Eiden und
Schwüren, die uns auf dem Weg zu
unserer spirituellen Entwicklung behindern!
Segne und behüte die Menschen, die uns am
Herzen liegen, schütze unsere Existenz und
unser Zuhause mit der Kraft deiner Liebe
und göttlichen Fürsprache beim Herrn!

Schenke uns zur rechten Zeit die Kraft der
Vergebung, zur Versöhnung, stärke unseren
Glauben, transformiere unsere Sorgen und

Ängste im Licht deiner Liebe und wandle
Zweifel in Zuversicht und Hoffnung.
Lass uns, von deiner Liebe getragen, auf unserem
Weg stets die nötige Dankbarkeit und Demut
im Herzen tragen, um die Kostbarkeit und das
Geschenk des Lebens in Würde zu verwalten!
Danke für deinen liebenden
Dienst an allen Lebewesen!
Danke für dein heilendes Licht!
Danke im Namen des Vaters,
des Sohnes und des Heiligen Geistes!
Amen!

Das Wunder des Gebets, die Liebe und Fülle der göttlichen Quelle erfahren

Unsere Gebete schlagen Lichtbrücken in die Lichtwelt der universellen, göttlichen Liebe. Wir überwinden alle kulturellen und religiösen Vorstellungen und Begrenzungen.

Gott hört die Stimme unseres Herzens und erkennt unseren Seelenplan. Unsere Wahlfreiheit begleitet uns von unserem ersten bis zum letzten Atemzug. Das heißt wir sind es, die über unsere Lebensqualität entscheiden. Solange wir unsere eigene Schwingung begrenzen und durch negative Gedanken und Emotionen sehr niedrig halten, verharren wir unnötig lange in dem Gefühl der Ohnmacht.

Doch wir sind niemals ohnmächtig, also nie ohne Macht! Wir sind ein Teil der Schöpfung und wir sind Lichtkinder der göttlichen Quelle.

Das heißt in uns selbst ist die Lichtkraft, unseren Gebeten „Flügel" zu verleihen. Ein authentisches Gebet aus tiefstem Herzen heraus formuliert ist eigentlich nichts anderes als „nach Hause telefonieren".

Wenn wir uns unserer Lichtkräfte, unserer Fähigkeit zu bedingungsloser Liebe und lichtvoller Emotionen bewusst werden, kann uns nichts mehr begrenzen. Wir erhöhen unsere Schwingungsfrequenz mit jedem positiven Gedanken, und mit jeder lichten Emotion. Es ist die Befähigung, Dankbarkeit für unser Sein und die Ressourcen die uns zur Verfügung stehen, zu empfinden, die uns lichtvoll höher schwingen lässt. Wir dürfen lernen uns nicht auf die Dinge zu fokussieren, an denen es uns mangelt, sondern darauf zu vertrauen, dass auch wir die nötige Fülle in unser Leben einladen können.

Mit unseren Gebeten laden wir die göttliche Fülle und die Liebe ein, unser Leben zu bereichern und zu erhellen. Gebete sind wie eine Erlaubnis an die geistige Welt zu unseren Gunsten einzugreifen. Uns über lichtvolle Impulse zu leiten und anzuleiten, Wege der Heilung und Auswege aus Sackgassen zu finden. Wir sind es, die sich entscheiden dürfen, Kooperationspartner der göttlichen Heilkräfte und Lichtwelten zu werden.

Beten heißt auch, um es auf den Punkt zu bringen, einen Glaubensvorschuss aufzuwenden.

Denn wenn wir erst davon überzeugt sind, dass die Wunder der Gebetserhörung auch heute noch geschehen, wenn das worum wir Bitten schon erfüllt wurde, dann stutzen wir selbst unseren Gebeten die Flügel.

Die Magie des Gebets, die gelungene Manifestation unserer Wünsche und Sehnsüchte, liegt in der Lichtkraft unserer Seele, unserer Befähigung auf himmlische Mächte zu vertrauen.

Wir selbst weben unseren Schicksalsteppich und über unsere Intuition, die „Ohren" unserer Seele, können wir lernen uns den Lichtimpulsen zu öffnen.

Kein Gebet verhallt ungehört im Universum. Gott findet immer einen Weg zu uns!

Es ist unser Verstand, unser Intellekt, der uns nur allzu oft im Wege steht. Natürlich können wir uns heute die Wirkmechanismen des Gebets mit Hilfe der Quantenphysik erklären.

Auch Rupert Sheldrake liefert uns mit seinen Erläuterungen über die morphischen Felder ausreichend Nahrung für die wissenshungrige intellektuelle Verstandesebene. Doch es geht wie in jeder gelungenen Meditation auch darum, den Geist zur Ruhe zu bringen. Mit dem eigenen Energiefeld des Herzens zu schwingen und den Raum der Stille zu betreten. Den Raum der Heilung, der Gebete, der Fülle und der Wunder!

Im Namen des VATERS
bitte ich euch, meine Engel,
mich durch den Tag zu führen,
durchlässig zu sein für das Licht,
mit dem Leben zu fließen.
Berührt mit eurer Liebe mein Herz.
Schenkt mir die Kraft, ein Resonanzboden
für eure Klänge zu sein.
Nehmt nicht nur mich in euren Schutz,
auch meine Lieben und alle Lebewesen.
Lasst uns Frieden finden.
Danke!

Seelengespräche mit Deinen Engeln

Jedes Gebet ist ein Dialog unserer Seele mit den himmlischen Sphären. Wenn wir unter Zeitdruck stehen oder uns in einer Ausnahmesituation die Worte fehlen um unsere Anliegen zu artikulieren, dann macht es Sinn, auf bereits formulierte Gebete zurückzugreifen.

Auch dann, wenn es an Erfahrung mit der Thematik Gebetsheilung und Transformation über die Gebets- und Meditationsarbeit noch mangelt, sind bereits langjährig erprobte Gebete eine wertvolle Unterstützung.

Aus diesem Grund möchte ich Ihnen in diesem Buch meine in fast drei Jahrzehnten zusammengetragenen Gebete übergeben, eine Art spirituelle „Hausapotheke".

Zum Ende des Buches werden Sie alte, traditionelle Gebete zu den 14 Nothelfern finden. Wie auch zu zwei weiteren Heiligen der römisch katholischen Kirche, dem Heiligen Antonius und dem Heiligen Pater Pio, meine absoluten Lieblingsheiligen.

Diese alte, traditionelle Gebetsform steht gefühlt, alleine schon von der Wahl der Sprache die wir so heute nicht mehr anwenden würden, im scheinbaren Gegensatz zu den modernen, leicht schwingenden Engelgebeten der neuen Zeit.

Seit vielen Jahren darf ich in einem Channeling Prozess diese hochschwingenden Gebets-Impulse aus der Engelwelt empfangen. Das Segensreiche an diesen Gebeten sind die positiven Rückmeldungen meiner Klienten die diese Gebete schon in vielen Alltagssituationen erfolgreich angewandt und erprobt haben.

Über die Anwendung der erwähnten Gebete hinaus, empfehle ich Ihnen die Seelengespräche mit Ihren Engeln. Darunter verstehe ich Gespräche die Sie selbst mit Ihren eigenen Emotionen und Worten an die Engelwelt richten. Suchen Sie sich einen Erzengel als „Gesprächspartner" aus, bei dem Sie sich mit Ihren Anliegen gut aufgehoben fühlen.

Nach diesem Kapitel finden Sie eine Art Kurzbiographie der zwölf Erzengel, die nur darauf warten von Ihnen zu hören und Ihnen hilfreich zur Seite zu stehen!

Wenn es schnell gehen soll, weil die Zeit für eine differenzierte Auswahl fehlt, und eine Sorge auf dem Herzen brennt, wenden Sie sich einfach an Ihren Schutzengel.

Bitten Sie ihn in Ihren Worten um ein rasches, segensreiches Eingreifen der Engelwelt und der göttlichen Quelle! Sie werden erhört!

Natürlich können Sie sich immer direkt an die göttliche Quelle im Gebet wenden!

Es ist jedoch sehr sinnvoll sich den Engeln anzuvertrauen, denn sie sind ja schließlich von Gott erwählt, an unsere Seite gestellt worden!

Engel und Erzengel sind uns von der Schwingung näher und haben die Ermächtigung, unsere Bitte vorausgesetzt, unsere Schwingung anzuheben und unsere Anliegen an die göttliche Quelle weiterzuleiten. Je öfter Sie Ihre Seelengespräche mit den Engeln führen, umso stärker wird Ihre Wahrnehmung für deren Lichtenergie wachsen. Öffnen Sie den Engeln Ihr Herz und geben Sie alles was Sie belastet ab an die geistige Welt! Die Antworten auf Ihre Fragen werden Sie als Impulse aus der Engelwelt erhalten. Entweder in Ihrer Meditation, oder einfach mitten im Alltag. Geistesblitze tauchen dann förmlich aus dem Nichts auf und zeigen Ihnen Lösungswege! Und nicht zu vergessen, Engel sind super Manager die Sie zur rechten Zeit, am rechten Ort, mit Menschen zusammenführen, die Ihnen guttun und Ihnen weiterhelfen können.

Sie können Ihren Dialog laut oder leise führen, oder einfach in Ihrer Gedankenwelt stattfinden lassen.

Hauptsache Sie starten Ihren eigenen, lichtvollen Dialog der Seele mit der Engelwelt! Öffnen Sie selbst den Wundern in Ihrem Leben die Tür!

Die zwölf Erzengel

Erzengel Raphael

Erzengel Raphael ist der Engel der Heilung. Er verbindet uns mit seinem grünen, göttlichen Farbheilstrom mit der Quelle des Seins und der universellen Schöpferkraft. Unsere Selbstheilungskräfte können aktiviert werden, wenn wir uns in unserer Meditation dem Energiefeld von Erzengel Raphael anvertrauen.

Auch unsere Fürbitten und Anliegen rund um das Thema Gesundheit, auch für uns nahestehende Personen, sind in seiner Liebe gut aufgehoben.

Erzengel Raphael hilft uns nicht nur körperliche, sondern auch seelische Wunden und Verletzungen zu überwinden und loszulassen. Er unterstützt unseren Weg der Heilung.

Er ist natürlich kein Ersatz für ärztliche Behandlungen, doch er kann uns helfen, die richtigen Ärzte und Therapeuten für unsere Themen zu finden.

Wie alle Engel kann er uns auch darin unterstützen in unsere innere Mitte und Ruhe zu finden. Neben Erzengel Chamuel wird er unserem spirituellen Herzzentrum zugeordnet.

Erzengel Chamuel

Erzengel Chamuel gilt als Engel der Liebe und der Herzen. Sein Name ist gleichzusetzen mit „Gott ist mein Ziel". Er erinnert uns an unsere Fähigkeit zu Lieben und immer wenn wir im Fluss der liebenden Emotionen sind, befinden wir uns im Einklang mit Gott und dem Universum.

Die Sehnsucht nach Liebe, Geborgenheit und Anerkennung prägt uns von unserem ersten Schrei nach unserem Eintritt in unsere Inkarnation.

Doch die Verbindung zum Herz des Universums und der kosmischen Liebe trägt uns schon vorgeburtlich ab dem Zeitpunkt unserer Entstehung.

Ich wurde auch schon häufiger gefragt wie es um die spirituelle Anbindung steht im Falle einer künstlichen Befruchtung. Da sind die Engel näher an der heutigen Lebenswirklichkeit wie die Kirchen. Die Engelwelt, insbesondere Erzengel Chamuel unterscheiden und bewerten nicht. Alles was atmet und lebt, wird mit der Liebe der Engel lichtvoll unterstützt und begleitet. Der universelle Farbheilstrom von Erzengel Chamuel ist rosa. Wir dürfen ihn in allen Herzensangelegenheiten und jeglichen emotionalen Befindlichkeiten um Hilfestellung bitten.

Egal ob festgefahrene private Beziehungen oder schwierige Situationen mit Kollegen.

Das Energiefeld von Erzengel Chamuel ist ein Herzöffner und heilt unsere zwischenmenschlichen Verbindungen, wenn wir um Unterstützung bitten!

Erzengel Michael

Erzengel Michael gilt als Kämpfer für Wahrhaftigkeit und Gerechtigkeit.

Sein Name bedeutet „wer ist wie Gott?“. Sein Heilfarbstrom ist ein tiefes blau. Erzengel Michael gilt auch als Schutzpatron der Rettungsdienste und Rettungskräfte.

Traditionell können wir ihn in jeglicher, als von uns bedrohlich empfundener Lage um Unterstützung bitten.

Erzengel Michael hilft uns, belastende, schwere Energien und Stimmungen loszulassen. Wir erfahren im Energiefeld seiner Liebe Unterstützung bei jeglichen Konflikten und Streitigkeiten.

Auch in juristischen und finanziellen Angelegenheiten ist er unser Ansprechpartner.

Sehr hilfreich ist es Erzengel Michael bei energetischen Haus- und Wohnungsreinigungen anzurufen. Er unterstützt uns auch wenn wir räuchern.

Erzengel Michael steht uns auch in karmischen Erkenntnisprozessen bei und hilft bei der Auflösung negativer Glaubensmuster und Glaubenssätze.

Erzengel Gabriel

Erzengel Gabriel gehört wohl zu den bekanntesten und beliebtesten Engeln. Als Verkündigungsengel Mariens ist er tief in unserer religiösen Prägung verankert.

Sein Name bedeutet „die Stärke Gottes".

Sein Farbheilstrom ist weiß, wird jedoch häufig auch weiß-silbrig und weiß-golden glitzernd wahrgenommen.

Erzengel Gabriel gilt auch der Engel der Himmelsfürstin, der heiligen Maria.

Ich nehme Erzengel Gabriel auch sehr stark im heilenden morphischen Feld von Maria Magdalena und der heiligen Martha wahr.

Neben Erzengel Raphael ist er einer der großen Heilbegleiter insbesondere als Heiler zwischenmenschlicher Themen.

Erzengel Gabriel ist auch ein Engel der Weiblichkeit und Schönheit, er hilft uns unsere innere Schönheit nach außen strahlen zu lassen.

Auch der Schutz von Kindern liegt Erzengel Gabriel besonders am Herzen. Und traditionell nicht anders zu erwarten ist Erzengel Gabriel der Schutzpatron schwangerer Frauen!

Erzengel Zadkiel

Erzengel Zadkiels Name bedeutet so viel wie „das göttliche Wohlwollen". Er ist im karmisch lilafarbenen Heilstrom an unserer Seite, wenn wir ihn um Unterstützung bitten.

Neben Erzengel Michael ist auch Erzengel Zadkiel einer der Engel der Gerechtigkeit. Er unterstützt uns auch verdeckte Ungerechtigkeiten ans Licht zu bringen. Erzengel Zadkiel ist auch der Hüter der violetten Flamme, dem reinigenden, transformierenden kosmischen Energiefeld. Wie auch die violette Flamme, transformiert Zadkiel Schmerz in Liebe und Verständnis. Er ist auch der große Heiler alter, historischer Plätze, an denen sich sehr negative Dinge oder Gräueltaten ereignet haben.

Als Heilengel für negative und schwere Energien können Sie Erzengel Zadkiel genau wie Erzengel Michael bitten, Sie bei energetischen Raumheilungen und Räucherungen zu unterstützen.

Erzengel Uriel

Erzengel Uriels Name wird sowohl als „das Feuer Gottes" bezeichnet, als auch mit „Gott ist mein Licht" in unserem Sprachgebrauch gleichgesetzt. Er repräsentiert den rubinroten göttlichen Farbheilstrom und durchlichtet unser Leben wenn wir ihn anrufen.

Wenn Sie den Eindruck haben mit beruflichen Projekten irgendwie festzustecken, bitten Sie Erzengel Uriel um Unterstützung, er wird den nötigen Geistesblitz senden, um alles wieder in den Fluss des Erfolgs zu führen.

Er ist auch der rettende Engel für Schüler und Studenten bei Prüfungen und Prüfungsängsten.

Erzengel Uriel steht an der Seite derer, die schreiben, wie Journalisten und Autoren, und begleitet gerne bei Lampenfieber vor großen öffentlichen Reden. Er ist auch ein wunderbarer, diplomatischer Impulsgeber bei wichtigen Verhandlungen.

Erzengel Uriel gilt auch als einer der Wächterengel unseres Planeten. Er ist der ideale Engelbegleiter für Umweltschutzprojekte und für jegliche Wohltätigkeits- und Hilfsorganisationen.

Erzengel Jophiel

Erzengel Jophiels Name bedeutet so viel wie „die Schönheit Gottes". So verwundert es nicht, dass alles was mit Schönheit in Verbindung gebracht werden kann bei ihm gut aufgehoben ist.

Er repräsentiert den gelben universellen Farbheilstrom, und verbreitet auch passend zum sonnengelb, auch gerne positive Stimmung und optimistische Gedanken. Erzengel Jophiel ist einer der Engel der Neuen Zeit, die uns mit ihrer transformierenden Energie durch diese herausfordernden Turbulenzen begleiten. Er ist auch einer der Erzengel, die uns in unserer Meditation begleiten und unterstützen. Mit seinem Beistand können wir auch das morphische Feld der Akasha-Chronik befragen.

Zusätzliche Unterstützung gewährt bei Fragen an die Akasha-Chronik Erzengel Metatron.

Erzengel Metatron

Erzengel Metatrons Name ist sowohl mit „der dem göttlichen Thron am nächsten ist", wie auch mit der Umschreibung „der in Gottes Gegenwart" gleichzusetzen.

Erzengel Metatron interveniert zum einen über den mächtigen indigo-farbenen Heilstrom und darüber hinaus über seinen eigenen, hochschwingenden Strahl der kristallinen Energie.

Wer sich für die heilige göttliche Geometrie, besonders bekannt ist die Blume des Lebens, interessiert, hat sicher auch schon von Metatrons Würfel gehört.

Erzengel Metatrons kristalline Energie durchdringt alles mit ordnender Klarheit und balanciert jegliche Disharmonien aus. In der jüdischen Kabbala ist er der Hüter des Lebensbaums und neben Erzengel Jophiel unterstützt er uns, wenn wir Fragen an die Akasha-Chronik stellen.

Erzengel Metatron unterstützt uns auf unserem spirituellen Entwicklungsweg und hilft uns, unsere Intuition und den Zugang zum Dritten Auge zu schärfen.

Für Erzengel Metatron gibt es keine linearen Zeitbegriffe, er ist wie alle Engel von Raum und Zeit befreit, seine Kraft ist es die wir anrufen können, wenn wir Botschaften über unsere früheren Leben erhalten wollen.

Erzengel Ariel

Erzengel Ariel wird in manchen Überlieferungen als weiblich anmutender Engel empfunden. Daher wird der Name einmal mit „Löwin Gottes", ein anderes Mal mit „Löwe Gottes" übersetzt.

Meine persönliche Wahrnehmung entspricht weder der einen, noch der anderen Zuordnung.

Ich empfinde alle Engel weder männlich, noch weiblich, sondern androgyn.

Noch treffender beschrieben wäre der Vergleich mit dem Begriff der energiegeladenen morphischen Felder. Aus diesen Engel-Informationsfeldern können wir sowohl heilende, universelle Prana-Energie abrufen, wie auch Botschaften empfangen.

Die Bezeichnung „Löwe Gottes" gefällt mir insofern gut, weil das morphische Feld von Erzengel Ariel unglaublich kraftvoll und facettenreich ist. Der Farbheilstrom ist sowohl mit cremeweiß bis blassrosa wahrzunehmen, als auch in feurigem orange-gold.

Erzengel Ariel ist der Engel der über die Natur und das Tierreich wacht. Alle Themen rund um unsere geliebten Haustiere, von der Auswahl des passenden Tierarztes bis hin zur Tierkommunikation, Erzengel Ariel sendet uns hilfreiche Impulse. Zusammen mit Erzengel Raphael sendet er freilebenden Wildtieren im Krankheitsfall positive Energie.

Das dürfte auch die Erklärung dafür sein, warum die häufigsten Wahrnehmungen und Erscheinungen von

Erzengel Raphael in der Natur, insbesondere im Wald stattfinden. Erzengel Ariel verbindet uns auch im schamanischen Sinne mit unseren Krafttieren, wenn wir um seine Intervention bitten.

Er gilt auch als Engel der Wünsche und Visionen und fördert die Erfüllung unserer Herzenswünsche. Abschließend nicht zu vergessen, Erzengel Ariel erinnert uns daran, mit dem Mut eines Löwen um unser Glück und die Erfüllung unserer Träume zu kämpfen.

Erzengel Haniel

Erzengel Haniels Name bedeutet „die Anmut Gottes" und er ist im zart blassblau-silbrigen universellen Farbheilstrom aktiv. Er wird auch als Mondengel und Hüter der Mondmagie bezeichnet.

Wenn Sie die positive Energie des Mondes für Ihre Pflanzen und Ihre Gesundheit im Alltag schätzen, lässt sich die Intensität durch eine Anrufung von Erzengel Haniel positiv verstärken.

Neben Erzengel Ariel ist auch Erzengel Haniel ein Engel dem unsere Wünsche wichtig sind. Sammeln Sie Ihre eigenen Erfahrungen und schreiben Sie regelmäßig an Neumond eine Liste mit Dingen und Wünschen die Ihnen wichtig sind.

Lesen Sie Ihre Wunschliste Erzengel Haniel wie einem vertrauten, engen Freund an Neumond vor und meditieren Sie anschließend.

Wenn Sie es schaffen über den Schatten des Verstandes zu springen und mit dem Herzen zu sehen und zu hören, werden Sie in den nachfolgenden Tagen Impulse erhalten, die Sie Ihrem Wunschzettel näherbringen.

Besonders wertvoll ist die harmonische, friedliche, anmutige, charismatische Energie von Erzengel Haniel, wenn Sie wichtige Treffen und Gespräche vor sich haben. Ein Vorstellungsgespräch für den Traumjob oder ein lang ersehntes Rendezvous mit dem Wunschpartner, bitten Sie Erzengel Haniel um strahlende Unterstützung Ihres Charmes!

Erzengel Jeremiel

Erzengel Jeremiels Name bedeutet „die Gnade Gottes". Er beseelt den tief dunkelviolett-golddurchwirkten göttlichen Farbheilstrom.

Er ist wahrhaftig ein Engel der universellen Gnade! Egal in welcher Lebenssituation wir uns festgefahren empfinden, mit der Hilfe von Erzengel Jeremiel werden wir den Ausweg finden.

Ich empfinde ihn als das sprichwörtliche Licht am Ende des Tunnels! Erzengel Jeremiel erinnert uns daran uns in Dankbarkeit zu üben und die positiven Gaben in unserem Leben auch in Krisensituationen nicht zu übersehen!

Er ist wie alle Erzengel ein Förderer unseres spirituellen Wachstums und aktiviert wenn wir ihn darum bitten, unsere Hellsinne!

Das heißt: Hellhören, Hellfühlen und Hellsehen. Natürlich ist das ein Entwicklungsprozess der angestoßen wird, und nicht mit dem Lichtschalter drücken und zack ist das Licht an, zu verwechseln!

Besonders hilfreich ist seine liebevolle Energie bei der Vergebungsarbeit. Wir können leichter unsere Verletzungen transformieren, wenn wir es schaffen zu vergeben. Wir werden für unsere Friedfertigkeit und unsere Befähigung zur Vergebung mit dem heilenden Gefühl der Leichtigkeit und mit innerem Frieden beschenkt. Das Gleiche gilt für die Fähigkeit zur Selbstvergebung!

Erzengel Sandalphon

Erzengel Sandalphon wird zu Recht als der Erzengel der Musik bezeichnet. Er fördert alles was uns positiv zum Klingen und Schwingen bringt. Über die Wahrnehmung des universellen Farbheilstroms in dem er interveniert, ließe sich ausführlich diskutieren. Ich möchte Hier und Jetzt beim Schreiben dieses Buches den aktuellen Farbstrom anführen, ein wundervolles, lichtes Türkis.

Genau das türkise transformierende Licht, das die wundervolle Elisabeth Claire Prophet, ein unvergessenes US-amerikanisches Medium, mit der türkisen Flamme von Atlantis gleichgesetzt hat.

Andere mediale, spirituell Begabte nehmen Sandalphon in einem kupferfarbenen Farbstrom wahr.

Ja, beides ist korrekt, doch der Wandel der Neuen Zeit führt nun einmal auch zu einer Anpassung von universellen Farbenergien. Es gibt eben nicht nur den Klimawandel, sondern auch einen Farbfrequenzwandel. Unser Planet benötigt heute nun mal andere Farbspektren zur heilenden Unterstützung, wie noch vor 20 bis 30 Jahren.

Im Falle von Erzengel Sandalphon habe ich die Veränderung selbst miterlebt. Ich habe vor 30 Jahren, mir wurde verziehen, seinen Namen noch nicht gekannt, und ihn sehr häufig im kupferfarbenen Farbgewand wahrgenommen. Es waren jeweils sehr prägende, eindringliche Engel-Wahrnehmungen. Ich habe sein

Licht über aus kommerziellen Gründen gerodeten Waldstücken gesehen, wie auch in ausgebeuteten und aufgegebenen Steinbrüchen und Kiesgruben. Auch im Bereich von ehemaligen Silberbergwerken und aufgegebenen Kohlegruben.

Heute kann ich mir diese Wahrnehmungen erklären, Erzengel Sandalphon gilt als Wächter unseres Planeten. Er versorgt die Wunden der Ausbeutung von Rohstoffen mit seiner liebenden Heilenergie.

Bis vor ca. 15 Jahren habe ich ihn auch noch kupferfarben wahrgenommen. Doch seitdem, und heute Hier und Jetzt, in strahlendem Türkis.

Er ist auch der Patron der Engel der Meere, der Delphine, und er bewahrt in seinem morphischen Informationsfeld die Weisheit der Schamanen.

Ich möchte Sie dazu ermutigen, Erzengel Sandalphon in Ihr Leben einzuladen, um Ihre Liebe zur Natur noch intensiver fühlen zu können. Laden Sie ihn als Begleiter zu Ihrem nächsten Waldspaziergang ein und Sie werden die wohltuende, reinigende Energie des Waldes noch multidimensionaler erfahren können!

Ja, über Erzengel Sandalphon ließe sich mühelos wie über alle Erzengel ein eigenes Buch schreiben.

An dieser Stelle möchte ich nur noch einmal kurz auf einen seiner wesentlichen Aspekte eingehen.

Er begleitet Musiker, Komponisten und Sänger. Das gilt sowohl für klassische, als auch zeitgenössische Musik. Erzengel Sandalphon ist ein absoluter „Star" unter den Engeln der Neuzeit. Er unterstützt unsere

Heilarbeit mit unseren Chakren, und erhöht unsere Schwingung, ohne unsere Erdung außeracht zu lassen. Übergeben Sie alles was sich emotional belastend und schwer anfühlt Erzengel Sandalphons türkisem Lichtstrahl. Er transformiert Ihre Sorgen!

Engelgebete

Die Auswahl unserer Worte und die Wahl der Anspra-
che an die göttliche Quelle sind im übertragenen Sinne
nur das Treppengeländer.

Die wahre Intention unserer Gebetsanliegen, das aus
unserem Herzen, unseren authentischen Emotionen
ausgesandte Gebet, ist die eigentliche Treppe.

Es ist völlig ausreichend wenn Sie Ihr Gebet mit der
Einleitung „Lieber Erzengel..." oder „Lieber Schutzengel..." et cetera beginnen.

Sprechen Sie frei aus der Stimme Ihres Herzens, führen
Sie einen freien Seelendialog mit Ihren Engeln. Wenn
Sie jedoch sehr stark religiös geprägt sind durch eine
traditionelle, christliche Erziehung, dann werden Sie
sich mit einer respektvoller anmutenden Wortwahl
wohler fühlen.

Dann wählen Sie einfach die der klassischen Gebetsform, weil das dann Ihrem authentischen Gefühl
entspricht. Das Entscheidende ist jedoch die Intention,
die Wahrhaftigkeit unserer Glaubensbereitschaft an
die himmlischen Mächte. Wir sollten stets ehrlich
zu uns selbst bleiben, egal wie tief unsere Sehnsucht
nach einer spirituellen Heimat in der Lichtwelt sein
möge, Zeiten des Zweifelns oder der Unsicherheit im
Glauben in Krisensituationen gehören dazu.

Unsere Zweifel sind authentisch, sie reflektieren unsere
Ist-Situation und spiegeln oft einfach nur unsere

Egokämpfe wider. Verdrängen Sie diese Gefühle nicht, setzen Sie sich damit auseinander und bitten Sie Ihre Herzintelligenz Sie in diesem Transformationsprozess zu begleiten.

Ein Gebet ist ein heilender Dialog mit der göttlichen Quelle, wenn Sie gerade im Zweifel oder gar einer gefühlten Verzweiflung feststecken, dann bitten Sie die Engel und die göttliche Quelle um die Unterstützung, wieder Kraft im Glauben finden zu können.

Sie werden die Antwort fühlen, die Engel werden die „Knoten in den Emotionen" auflösen!

In meiner eigenen täglichen Gebetsausübung entscheide ich über die Tonlage immer individuell nach meiner authentischen emotionalen Lage. Wenn ich jedoch für eine andere Person bete, wähle ich zumeist die eher respektvoller anmutende klassische Gebetsvariante.

Aus den Überlieferungen der lichtvollen Heiler, die mir ihre Gebetstechniken anvertrauten, habe ich viel Weisheit mitnehmen dürfen.

So fühlt es sich für mich aus dieser respektvollen Dankbarkeit heraus und auch aus meiner eigenen spirituellen Wahrnehmung gut an, vor dem eigenen Gebet ein klassisches Gebet zu sprechen.

Meistens fällt meine Wahl auf das Vaterunser. Sehr gerne ergänze ich es jedoch mit einem Ehre sei dem Vater und dem Ave-Maria.

Sollten Sie etwas aus der Übung sein, oder eine leichte Textunsicherheit verspüren, lesen Sie es noch einmal nach. Sie finden diese Gebete direkt vor den

Engelgebeten. Ebenso eine Erzengelfürbitte, die ich von der Engelwelt empfangen durfte und die mir schon sehr oft segensreiche Lichtdienste erwiesen hat.

Gehen Sie in die Leichtigkeit des Seins, lassen Sie das was Sie belastet los und übergeben Sie Ihre Anliegen vertrauensvoll der göttlichen Quelle!

Mein Lebensweg war nicht immer leicht, und ich werde und wurde von Prüfungen nicht verschont, so durfte ich eine persönliche, spirituelle Ansicht erlangen...

Wir werden uns nie in einer Situation oder an einem Ort befinden, an dem Gott und die Engel nicht schon längst da sind!

Wenn wir uns in das Licht unseres Herzens versenken, werden wir deren Anwesenheit fühlen!

Möge die Engelwelt Ihre Gebete zur göttlichen Quelle der Heilung tragen!

Vaterunser

Vater unser im Himmel,
geheiligt werde dein Name.
Dein Reich komme.
Dein Wille geschehe,
wie im Himmel so auf Erden.
Unser tägliches Brot gib uns heute.
Und vergib uns unsere Schuld,
wie auch wir vergeben unsern Schuldigern.
Und führe uns nicht in Versuchung,
sondern erlöse uns von dem Bösen.
Denn dein ist das Reich
und die Kraft und die Herrlichkeit
in Ewigkeit. Amen

Ehre sei dem Vater

Ehre sei dem Vater und dem Sohn
und dem Heiligen Geist.
Wie im Anfang, so auch jetzt
und allezeit und in Ewigkeit. Amen

Ave Maria

Gegrüßet seist du, Maria, voll der Gnade,
der Herr ist mit dir.
Du bist gebenedeit unter den Frauen,
und gebenedeit ist die Frucht deines Leibes, Jesus.
Heilige Maria, Mutter Gottes,
bitte für uns Sünder jetzt und in der
Stunde unseres Todes. Amen

Erzengel-Fürbitte an das Göttliche Licht

Himmlischer Vater, Quelle des Lichts,

Brunnen des Lebens,

Geist und Atem in Allem.

Gewähre uns die heilenden Strahlen deiner Erzengel.

Erzengel Michael – erbitte für uns
den Schutz des blauen Lichts.

Erzengel Jophiel – erbitte für uns den Schutz
des goldgelben Lichts der Erleuchtung.

Erzengel Chamuel – erbitte für uns
die Kraft des rosa Lichtstrahls.

Erzengel Gabriel – erbitte für uns die Reinheit des
weißen Lichts, der Wahrheit und der Hoffnung.

Erzengel Raphael – erbitte für uns die
heilende Kraft des grünen Lichts.

Erzengel Uriel – erbitte für uns das Feuer
Gottes im Strahl des roten Lichts.

Erzengel Zadkiel – erbitte für uns das Wohlwollen
Gottes und die Transformation des violetten Lichts.

Im Namen des Vaters und des Sohnes,

Danke!

Heilgebet

Im Namen des Vaters bitten wir dich,
Jesus Christus von Nazareth, den ewigen
kosmischen Heiler! Ermächtige uns, in das
Licht der göttlichen Gnade einzutauchen!
Erlöse uns von karmischen Verstrickungen
und Irrwegen unserer Seelen!

Schenke uns die Kraft, alte Versprechen,
Eide und Gelübde, die unserer Heilung im
Weg stehen, zu erkennen und aufzulösen!

Verbinde uns mit der Heilkraft der
allumfassenden göttlichen Liebe,
lass uns auf deinen Spuren wandeln.

Schenke uns die Kraft der Vergebung,
des Glaubens und der Zuversicht!

Stehe uns bei, unser kreatives Potential zu
erschließen und uns eines Lebens in Freude,
Fülle und Gesundheit würdig zu fühlen.

Öffne unsere Herzen und stelle uns zur
rechten Zeit die Engel an unsere Seite!

In ewiger Dankbarkeit!

Im Namen des Vaters und des Sohnes und
des Heiligen Geistes.

Amen.

Morgengebet

Im Namen des Vaters,

bitte ich dich meinen Schutzengel,

mich durch diesen Tag zu geleiten!

Schenke mir die Kraft die Anwesenheit
der Engelwelt zu fühlen und eure
segensreichen Botschaften zu empfangen!

Berühre mein Herz und meine
Seele mit deiner Liebe,

Schenke mir deinen Schutz, und bitte die
Schutzengel meiner Lieben und aller Lebewesen,
liebevoll ihre Schützlinge zu behüten!

So sei es, danke!

Im Namen des Vaters,
des Sohnes und des Heiligen Geistes!

Abendgebet

Im Namen des Vaters,

danke ihr heilenden Engel der göttlichen
Quelle für euer Geleit durch diesen Tag!

Danke ihr Engel des Lichts, dass ihr
mich in meine innere Ruhe und Balance
zum Ausklang des Tages begleitet.

Danke Erzengel Michael, dass du jetzt
meine Bitte erfüllst mich von den
Energien des Tages zu reinigen,

die meine Seele, meinen Körper und
meinen Geist negativ beeinträchtigen.

Ich fühle mich jetzt wohl behütet und sicher
in dem Wissen, dass ihr meine Nachtruhe
mit eurem Licht schützend umhüllt.

Danke, dass ihr die Nachtruhe
aller Lebewesen segnet!

Danke, so sei es!

Im Namen des Vaters,
des Sohnes und des Heiligen Geistes!

Gebet zu Erzengel Raphael

Im Namen des Vaters,

bitte ich dich, Erzengel Raphael und die
Heilungsengel an deiner Seite, meine Bitte um
Heilung an die göttliche Quelle weiterzuleiten!

Lenke deinen wohltuenden universellen,
grünen Heilstrom auf meine Seele,
meinen Geist und meinen Körper!

Durchflute mich mit deinem Licht!

Schenke mir die Klarheit zu erkennen was
meinem inneren Frieden im Wege steht.

Danke, dass du mich mit deinem Licht umhüllst,
sodass in mir die Erkenntnis wächst, dass ich die
Fähigkeit habe mit Hilfe der göttlichen Quelle
meine Selbstheilungskräfte zu aktivieren.

Danke Erzengel Raphael, dass du meinen
Energiekörper stärkst, und mir Mut,
Kraft und Zuversicht schenkst.

Danke für dein heilendes Licht, das meine
Körperzellen täglich auf das Neue durchflutet!

Danke, so sei es!

Im Namen des Vaters,
des Sohnes und des Heiligen Geistes!

Erzengelanrufung mit der Fürbitte um Intuition

Im Namen des Vaters,
bitte ich euch, die Erzengel,
meine Intuition zu stärken.

Ich bitte euch, die Engel des Lichts meine
Hellsinne zu stärken und euer Licht
auf meinen Seelenweg zu lenken,
sodass ich meine Bestimmung und
meine Berufung erkenne!

Öffnet mein Herz, um eure liebende
Gegenwart deutlicher zu fühlen!

Durchlichtet und transformiert mein Sein!

Verbindet mich mit der inneren Stimme, meiner
Seele, meiner Intuition und segnet mit eurem
Licht meine Anbindung an die göttliche Quelle!

Danke, so sei es!

Im Namen des Vaters,
des Sohnes und des Heiligen Geistes!

Begleitung durch den Tag

Im Namen des Vaters

bitte ich euch, meine Engel,

mich durch den Tag zu führen,

durchlässig zu sein für das Licht,

mit dem Leben zu fließen.

Berührt mit eurer Liebe mein Herz.

Schenkt mir die Kraft, ein Resonanzboden

für eure Klänge zu sein.

Nehmt nicht nur mich in euren Schutz,

auch meine Lieben und alle Lebewesen.

Lasst uns Frieden finden.

Danke!

Dankgebet

Im Namen des Vaters möchte ich dir
dem Engel der Liebe und der Herzen
meine Dankbarkeit schenken.

Du schützt meine Liebe und bist bemüht,
unsere Herzen rein zu halten.
In Stunden der Trauer und der Einsamkeit
schickst du, Chamuel, uns die wärmende
Kraft deines rosa Lichtstrahl.

Danke für die Liebe in meinem Liebe auch für
die Liebe, die ich noch nicht erkannt habe.
Danke für deine Hilfe, meinem spirituellen
Herzen näher kommen zu dürfen.

In meiner Hinwendung zu dir öffnest du
mein Herz auch für mich selbst, bei Dir bin ich
geborgen und darf lernen, nicht nur meinen
Nächsten, sondern auch mich selbst mit
Liebe anzunehmen. du verbindest mich auch
mit der liebenden Kraft meiner Ahnen.

Danke, dass du uns unterstützt, die Liebe
des Vaters und des Sohnes zu fühlen
und anzunehmen.
Danke, dass du jedem suchenden Herzen
Eintritt und Heimat gewährst.

Danke im Namen des Vaters!

Raumheilung

Im Namen des Vaters bitte ich
euch, die Engel der Heilung,
die Seele des Raumes und des Ortes zu heilen.

Nehmt die Schwere und die Belastung
in eurem Licht auf.

Ich bitte euch, die Engel des Lichtes, den Raum mit
heilendem Licht und kosmischen Farben zu füllen.

Ich bitte euch, die Engel der Natur, die Kraft
der verwendeten Pflanzen zu segnen.

Sendet allen Orten und Räumen mit schweren
Belastungen eure heilenden
Energien der göttlichen Liebe!

Danke!

Kristallheilung

Im Namen des Vaters bitte ich euch, meine Engel,
die heilende Energie der von mir verwendeten
Kristalle zu schützen und in reiner
Schwingung zu erhalten.

Segnet mit eurem Licht die Kraft, die Farben und
die Auswahl meiner Heilsteine und Kristalle.

Möge die Lichtbrücke zwischen den
Kristallengeln und euch, den Engeln
der Menschen, tragfähig bleiben.

Ich bitte euch, die Engel der Heilung, mir die
Augen zu öffnen für krankmachende Ursachen in
meiner Umgebung und negative Verhaltensmuster.

Segnet alle Kristalle in Menschenhand,
möge die Lichtarbeit mit ihnen Heilung
und den Frieden fördern.

Danke!

Erzengel Chamuel Anrufung

Im Namen des Vaters bitten wir dich, Erzengel
Chamuel, unsere Herzenergie zu segnen.
Schenke uns Unterstützung zur Lösung
unserer emotionalen Blockaden.

Segne unsere Beziehungen und stärke unsere Kraft
zu ehrlicher Hingabe und Fähigkeit zur Vergebung.

Tauche unsere Ängste in transformierendes
Licht, um aus dem Potenzial des Urvertrauens
handeln zu können.

Segne unsere Kreativität und Fähigkeiten
zum Wohle unseres Umfeldes.

Schenke uns die Kraft des Friedens
und der Gerechtigkeit.

Lass uns nicht müde werden, die Verantwortung
für unsere Visionen bedingungslos anzunehmen.

Gib uns die Kraft unsere Mitmenschen
und ihre Bedürfnisse wie auch unsere
eigenen Wünsche zu segnen.

Schütze den reinen Zugang unserer
Herzen zur göttlichen Quelle!

Danke!

Hoffnung

Ihr Engel des Lichts, im Namen
der göttlichen All-Einheit,
erbitten wir den Segen und den
Beistand der Engel der Hoffnung,
der Engel der Zuversicht und der
Engel des Urvertrauens.

Möge das Licht eurer liebenden
Unterstützung unsere Wege erhellen
und auch in dunklen Stunden das Licht der
Hoffnung in unseren Herzen entzünden.

Möge der Segen der Engelwelt dazu beitragen,
dass wir die kreativen Potenziale unserer Seelen
zum Wohle aller Lebewesen einsetzen können.

Möge das Licht der göttlichen Quelle durch euch,
unsere Engel in unseren Alltag einfließen und
einen Beitrag leisten, der Zukunft von Hoffnung
und Liebe getragen, freudig entgegenzusehen.
Ihr Engel des Lichts, wir öffnen euch
in Dankbarkeit unsere Herzen!

Ein lichtvolles Danke im Namen
der göttlichen Quelle!

Berufung

Im Namen der göttlichen All-Einheit, bitte ich
euch, die Engel der Kreativität um Beistand!
Durchflutet mein Bewusstsein,
öffnet mein Herz um meine wahrhaftigen
Talente zu erkennen und zu fördern!
Engel der Kreativität, des Neubeginns und des
Mutes, schenkt mir die Kraft der
Selbstermächtigung um mir neue Wege zuzutrauen!
Geliebte Engel der Fülle, begleitet meine
beruflichen Wege, segnet die Anliegen aller
Beteiligten um meine beruflichen Wege im
Licht der Engelwelt zu erhellen!

So sei es!

Finanzen

Im Namen des Vaters, danke ich euch,
den Engeln der Fülle, dass ihr euer Licht in
meine finanzielle Situation einfließen lasst!
Danke, dass ihr um meine Versorgung
und mein Wohlergehen bemüht seid.
Danke, ihr Engel der Fülle, dass ihr mit eurem
Schutz über meine Finanzen wacht!
Danke, dass ihr mir neue Impulse und Ideen
schenkt, um mit Kreativität und Dankbarkeit
meine finanzielle Situation zu verbessern!

So sei es!

Ernährung und Abnehmen

Im Namen des Vaters, bitte ich dich
Erzengel Raphael, unterstütze mich mit
deinen Heilengeln des grünen Farbstrahls!

Schenke mir die Ausdauer und die Disziplin
mein Ernährungsbewusstsein zu stärken.
Sende mir die Impulse für eine
zielführende Ernährungsumstellung.
Sende mir lichtvolle Begleiter,
die mich zu einem aktiven,
bewegungsfreudigem Lebensstil motivieren!

Schenke mir Freude an gesunden Lebensmitteln,
die meine Gewichtsabnahme fördern!
Erzengel Raphael begleite mich bitte
auf meiner Reise zu mehr Selbstverantwortung für
meine Gesundheit und zeige mir auf,
wo der eigentliche Hunger meiner Seele lauert!

Schenke mir die Kraft den Weg der Achtsamkeit zu
gehen, damit ich keine unverarbeiteten
Emotionen durch Wohlfühl-Essen kompensiere!
Engel der Heilung begleitet mich auf den Weg
zu meinem gesunden Wohlfühlgewicht.

Danke, so sei es!

Beziehungen

Im Namen der göttlichen All-Einheit,
bitte ich dich Erzengel Chamuel
deinen rosafarbenen Lichtstrahl
auf meine Beziehung zu lenken.

Ich fühle mich unverstanden
und kann keine harmonische
Kommunikationsebene aufbauen.

Erzengel Chamuel, ich bitte dich,
mein Herz zu heilen und mich für die Kraft der
Liebe, des Verstehens und der Vergebung zu öffnen.

Ich bitte um Impulse aus der Engelwelt,
damit ich erkenne, was hinter dieser Krise steht.
Erzengel Chamuel, Erzengel der Herzen,
schenke mir die Kraft und die Zuversicht,
hinter allem was geschieht,
nicht den Blick für die göttliche Liebe zu verlieren.

Ich möchte in meinem verzweifelten
Ohnmachtsgefühl nicht steckenbleiben
oder gar verbittert werden.

Schenke mir die Kraft, in allem was geschieht,
die Liebe zu finden.
Lass mich den roten Faden zu meinem Partner
wiederfinden.
Schenke mir die Kraft
mich selbst zu lieben und anzunehmen.

Segne meinen Weg und mein Herz
mit der Kraft deiner Liebe!

So sei es!

Vergebung

Im Namen des Vaters und des Sohnes,
bitte ich Euch, die Engel der Vergebung
und der Liebe mir Kraft zu schenken.

Ich weiß, dass ich in diesem schweren Gefühl
feststecke, mein Gerechtigkeitssinn ist verletzt!

Erzengel Chamuel, öffne bitte mein Herz
für die Allmacht der göttlichen Liebe!

Schenke mir die Kraft
aus der Enge meiner Emotion herauszuwachsen!

Geliebte Engel, schenkt meiner Seele
die Stärke der Vergebung!

Ich weiß, nur so kann ich befreit meinen
Lebensweg lichtvoll und in Liebe fortsetzen!

Engel der Vergebung, leitet euren Lichtstrahl
in diese festgefahrene Situation!

Ich möchte mir selbst den Segen der
Vergebungsarbeit zugestehen!

So sei es!

Wunden und Verletzungen

Im Namen des Vaters und des Sohnes,
bitte ich dich, Erzengel Raphael um Hilfe!

Ich bitte dich, den grünen universellen Farbstrom
der Heilung, in meine Wunde einfließen zu lassen!

Verwandle meine Angst in
Erkenntnis und Vertrauen!

Erzengel Raphael, ich bitte dich und deine Heilengel
meine Schmerzen zu lindern!

Ich bitte um die rasche Heilung meiner Verletzung,
unterstütze bitte meine Selbstheilungskräfte
und mein Immunsystem!

Sende mir in meinen Meditationen
die Botschaft dieser Verletzung.

Lass mich in meinem Vertrauen
auf Heilung wachsen!

Öffne mein Herz, damit ich den heilenden
Segen der göttlichen Liebe ungehindert in
mein Sein einströmen lassen kann!

So sei es!

Chakren reinigen

Erzengel Metatron, ich fühle, dass meine Energiezentren nicht harmonisch ausbalanciert sind.

Ich bitte dich, deine Energie und deinen mächtigen Heilstrom in meine Chakren zu leiten!

Befreie mich bitte mit deiner Lichtkraft von Fremdenergien und löse meine Energieblockaden in meinen Chakren!

Ich bitte um den reinigenden, heilenden Lichtstrom der göttlichen Quelle für meine Energiezentren.

So sei es!

Kraft schöpfen in der Natur

Ich danke euch, den Engeln der Natur,
der Sonne und der Lüfte,
für eure liebende, allgegenwärtige Präsenz!

Meine Augen entspannen sich während ich
durch die Natur spaziere und saugen die
Schönheit der göttlichen Vielfalt auf.

Alles ist an seinem Platz und im Fluss, jede
Pflanze, jeder Baum strebt dem Licht entgegen.

Danke, dass ich meine Zellen im Segen der
Engelwelt nun mit Licht durchflute!

Danke, dass ich meine Lungen mit jedem
Atemzug mit frischer, klarer Luft füllen kann!

Danke für die universelle Liebesenergie
die mich hier, im Einklang mit der
Natur stärkt und regeneriert.

Mit jedem Atemzug tanke ich die Kraft
der Natur, und mit jedem Ausatmen,
lasse ich das, was mich belastet los!

Danke Ihr Wächterengel der Natur, dass ihr mich
bei meinem Ausflug begleitet und behütet!

Ich bin bereit die Harmonie des Waldes, und
der Wiesen mit in meinen Alltag zu nehmen!

So sei es!

Schutz und Stärke - Ängste lösen

Im Namen der göttlichen Quelle,
bitte ich dich Erzengel Michael
um Schutz und Beistand!

Erzengel Michael sende mir deinen
heilenden blauen Farbstrahl, reinige mit
deinem Licht meinen Energiekörper.

Ich bitte um die Ablösung aller negativer
Anhaftungen, auch in meinen Chakren
und in meiner Zellerinnerung.

Erzengel Michael, stehe mir bei
mit deinem schützenden Licht meine
Ängste zu transformieren.

Ich übergebe dir die Last dieser Schwere,
löse mit deinem Lichtschwert meine Verstrickung
mit diesen ängstlichen Gedanken und Emotionen.

Schenke mir mentale Stärke,
Widerstandskraft und emotionale,
selbstbestimmte Freiheit!

Lass mich zurückfinden in meine eigene,
selbstermächtigte Schöpferkraft!

So sei es!

Konflikte im Berufsleben

Im Namen der göttlichen Quelle,
bitte ich dich Erzengel Michael,
die Kommunikation mit meinem Arbeitgeber
und meinen Kollegen zu harmonisieren, zu
durchlichten und liebend zu begleiten.

Unterstütze mich, wenn ich mich schwach
und unverstanden oder überarbeitet fühle!

Erzengel Michael, sende deinen blauen
Heilstrom auf die Leistungen die ich
erbringe und meine Fähigkeiten.

Mögen meine Leistungen im Glanz deiner
Liebe und Zuwendung anerkannt werden!

Segne meinen Arbeitsplatz und meine Kollegen!

So sei es!

Berufliche Selbständigkeit

Im Namen der göttlichen All-Einheit,
bitte ich euch, die Engel der Fülle,
meine geschäftlichen Aktivitäten zu segnen.

Mögen meine Leistungen und Investitionen
allen Beteiligten lichtvoll dienen und mit
dem Segen der Engelwelt erblühen.

Geliebte Engel der Fülle,
löst alle Blockaden in meinem Energiefeld,
die meinen wohlverdienten Erfolg
ausbremsen könnten!

Geliebte Engel der Resonanz und der
Kommunikation, verbindet mich mit meinen
Geschäftspartnern, Kunden und
Mitarbeitern im Energiefeld der
Harmonie und des universellen Lichts.

So sei es!

Spirituelle Begleitung

Im Namen des Vaters, bitte ich
dich meinen Schutzengel,
meinen Wachstumsprozess zu begleiten.

Geliebter Schutzengel, lass mich den lichtvollen
Weg finden, der meinem Seelenplan entspricht!

So sei es!

Schutz auf Reisen

Im Namen der göttlichen Quelle, bitte ich euch
Erzengel Raphael und Erzengel
Michael meine Reise zu schützen!

Mögen meine Wege von eurem Licht
begleitet und geführt sein!

Danke, dass ich meine Reise genießen kann,
neue Eindrücke sammeln darf und auf
wohlwollende, freundliche Mitmenschen treffe!

Danke, dass ich mit vielen positiven Erlebnissen
am Ende meiner Reise wieder wohlbehalten
zu Hause ankomme!

So sei es!

Das Gebet zu Maria vom Knoten

Ein wundervolles Gemälde von Johann Georg Melchior Schmidtner ziert als Gnadenbild die katholische Wallfahrtskirche St. Peter am Perlach in Augsburg. Repliken des Marienbildes fanden den Weg in die Kirchen vieler Länder. Selbst im Gästehaus des Vatikans (Casa Santa Martha) hängt ein Bild der Knotenlöserin. Dieses Bildnis zieht unendlich viele Verehrer an, schließlich haben wir alle in unserem Leben stets aufs Neue, Knoten zu lösen.

Es sind die Knoten, unsere Blockaden die uns von der Verwirklichung unseres Seelenplans entfremden können, oder gar den Weg zur Heilung erschweren. Egal, welche Krise uns gerade bewegt, an welchem Punkt wir feststecken, Maria vom Knoten hilft uns, den roten Faden in unserem Sein wiederzufinden.

Maria vom Knoten, ich komme zu dir
und trage viel Freuden und Lasten mit mir.
Maria vom Knoten, wer hörte nicht drauf -
der Knoten sind viel, sie gehen nicht auf.

Maria vom Knoten, wie tröstlich das klingt:
Es gibt eine Hand, die Knoten entschlingt.
Maria vom Knoten, den Knäuel hier schau`!
Ich bring ihn nicht auf – hilf du, heil´ge Frau.

Maria vom Knoten, der Knäuel bin ich -
Ins letzte verwirret: Erbarme dich!
Maria vom Knoten, du bist schon im Licht,
du weißt es ja selbst, was mir noch gebricht.

Text von Josef Weiger (Pfarrer von Mooshausen)[1]

---

1 Quellennachweise: wikipedia.org, diebildschirmzeitung.de

Gebetsanrufungen zum Heiligen Josef von Nazareth

Es gibt unzählige Gebete die sich an den Heiligen Josef von Nazareth richten. Seine Rolle als stellvertretender „weltlicher Vater" für den ihm anvertrauten Jesus von Nazareth ist uns allen wohl vertraut.

Der Gedenktag zu Ehren des Heiligen Josef wird in der katholischen Kirche am 19. März gefeiert und der März an sich, steht im Lichte seiner Verehrung. Noch heute gilt der Heilige Josef als einer wichtigsten Heiligen und Fürsprecher des traditionellen Christentums.

Er wird nicht nur als Patron der Kirche, sondern auch als Schutzpatron der Familien verehrt. Er gilt auch als starker Vermittler von Heilanliegen und Bittgebeten die er für uns sinnbildlich ausgedrückt, an Jesus weiterleitet. Der Heilige Josef darf als Vermittler oder Fürsprecher, der sich für unsere Anliegen einsetzt verstanden werden. In der katholischen Theologie ist er der Heilige, der wie die Heilige Maria von Nazareth, den göttlichen Tron am nächsten steht.

In meiner persönlichen spirituellen Wahrnehmung ist sein heilendes, energetisches Feld von unglaublich starker, wärmender Liebe geprägt. Wie zu allen Heiligen und Engeln können wir in der Sprache unseres Herzens und unserer Seele frei mit ihm zu jeder Zeit sprechen. Wir dürfen eigene, freie Worte die unserer emotionalen Lage entspringen wählen oder auf eines der traditionellen Gebete zurückgreifen. Für mich ist er so zeitgemäß und aktuell fühlbar, wie auch die Heilige Maria. Er ist der Ansprechpartner in der Lichtwelt für Familienthemen und gerade auch für ein Thema unserer Zeit, Patchwork-Familien.

Wann und wo immer es in zwischenmenschlichen Beziehungen knirscht und Misstöne den Zusammenhalt gefährden, ist er die liebende Lichtbrücke zur göttlichen Heilquelle. In meiner spirituellen Gebetspraxis durfte ich viele wunderbare Gebetserhörungen miterleben. Wenn sich Familien um die Gesundheit der Mutter oder Großmutter sorgen oder die anderer weiblicher Familienmitglieder, wende ich meine Gebetsanliegen an die Heilige Maria. Wenn eher die Familienväter im Fokus einer Problematik stehen, wende ich mich vertrauensvoll an den Heiligen Josef. Ebenso positive Gebetserfahrungen habe ich bei Elternkonflikten mit deren Söhnen oder Enkeln erlebt. Dann findet das Licht des Heiligen Josef ebenfalls versöhnliche neue Wege. Analog dazu, logischerweise die Fürsprache und die Liebe der Heiligen Maria für Gebetsanliegen die Töchter, Schwiegertöchter oder Enkelinnen betreffen. Das Patronat der heiligen Familie steht uns und unseren Gebetsanliegen immer liebevoll zur Seite!

Nachfolgend möchte ich Ihnen noch zwei Gebete zum Heiligen Josef anvertrauen, die ich sehr schätze. Vor dem Gebet sollten Sie wie bei vielen Heilgebeten üblich, ein Vaterunser, ein Ave Maria und Ehre sei dem Vater beten!

Vaterunser

Vater unser im Himmel,
geheiligt werde dein Name.
Dein Reich komme.
Dein Wille geschehe,
wie im Himmel so auf Erden.
Unser tägliches Brot gib uns heute.
Und vergib uns unsere Schuld,
wie auch wir vergeben unsern Schuldigern.
Und führe uns nicht in Versuchung,
sondern erlöse uns von dem Bösen.
Denn dein ist das Reich
und die Kraft und die Herrlichkeit
in Ewigkeit. Amen

Ehre sei dem Vater

Ehre sei dem Vater und dem Sohn
und dem Heiligen Geist.
Wie im Anfang, so auch jetzt
und allezeit und in Ewigkeit. Amen

Ave Maria

Gegrüßet seist du, Maria, voll der Gnade,
der Herr ist mit dir.
Du bist gebenedeit unter den Frauen,
und gebenedeit ist die Frucht deines Leibes, Jesus.
Heilige Maria, Mutter Gottes,
bitte für uns Sünder jetzt und in der
Stunde unseres Todes. Amen

Gebete des Heiligen Franz von Sales (1567-1622) zum Heiligen Josef

Glorreicher Heiliger Josef,
nimm uns unter deinen väterlichen Schutz,
wir beschwören dich darum
durch das heiligste Herz Jesu.

O du, dessen Macht sich auf all unsere Bedürfnisse
erstreckt und der das Unmögliche möglich machen
kannst, wende deine väterlichen Augen auf die
Sorgen deiner Kinder, und nimm dich ihrer an.

In der Not und Bedrängnis die uns bedrücken,
eilen wir mit unserem Vertrauen zu dir.

Würdige dich, die Leitung dieser wichtigsten und
schwerwiegendsten Angelegenheiten,
die uns bedrängen und bedrücken,
mit väterlicher Güte selbst zu übernehmen.

Mache, dass der glückliche Ausgang derselben zu
deiner Ehre und zu deinem Besten gereichen möge.

Amen

Heiliger Josef,
dessen Macht sich auf alle meine Nöte erstreckt,
der du möglich zu machen weißt,
was unmöglich zu sein scheint,
siehe gnädig auf die Anliegen
deiner Kinder und erhöre sie!

Gebete und Anrufung zum Hl. Christophorus

Der Heilige Christophorus ist wohl der beliebteste und bekannteste der sogenannten vierzehn Nothelfer. Unter den vierzehn Nothelfern versteht man dem theologischen Verständnis der römisch katholischen Kirchen entsprechend, vierzehn auserwählte Heilige, die als besonders auserwählte Schutzheilige Anerkennung finden.

Die Verehrung dieser Heiligen ist auch heute noch so aktuell wie zur Blütezeit ihrer Verehrung die in großen festlichen Wallfahrten der Gläubigen Ausdruck fand. Die wohl berühmteste Wallfahrtskirche zu Ehren der vierzehn Nothelfer im deutschsprachigen Raum befindet sich in Franken. Es ist die prächtige Basilika Vierzehnheiligen in Bad Staffelstein.

Die Geschichte der unzähligen Gebetserhörungen und Heilungen zieht sich durch die Jahrhunderte hindurch bis in die heutige Zeit. In meiner eigenen spirituellen Energiearbeit und Gebetsausübung ist die Anrufung auserwählter Heiliger zu denen ich mich besonders hingezogen fühle fest verankert.

Im Unterschied zu den Engeln und Erzengeln, waren die Heiligen zu ihren Lebzeiten, wie wir als Menschen inkarniert. Durch ihren bedingungslosen Glauben, mystische Versenkung und Hingabe an die Gottesverehrung, sprengten diese lichtvollen Seelen den Rahmen der scheinbaren menschlichen Begrenzung.

Ähnlich wie die als aufgestiegene Meister bezeichneten Geistführer und Lichtwesen der modernen Spiritualität. In meinen Meditations- und Gebetserfahrungen fühle ich die starken, lichtvollen morphischen Felder die diese Heiligen umhüllen.

Es sind Energiefelder die wir uns wie große Speicher die mit Licht- und Heilenergie angefüllt sind, vorstellen können. Wie bei allen Heilgebeten sehe ich auch in den Gebetserhörungen durch die Unterstützung der angerufenen Heiligen, den „Wirkmechanismus" in unserer eigenen Herangehensweise.

Je stärker wir dazu bereit sind, den Ballast unseres Gebetsanliegens in absolutem Vertrauen auf höhere Mächte loszulassen, umso wahrscheinlicher ist die Erhörung unseres Gebetes.

Wenn wir es schaffen uns in vollem Vertrauen an die Schutzheiligen zu wenden, öffnen wir unsere Herzenstür für die Wunder die zwischen Himmel und Erde geschehen. Die große Kraft der Heilgebete ist einer Engelbotschaft zufolge aus karmischer Sicht erklärbar.

Wir sind ja alle nicht zum ersten Mal inkarniert, sondern lichtvolle Seelen, die sich auf ihrer Erfahrungsreise durch die Zeiten befinden. Häufig inkarnieren wir so lange im gleichen Kultur- und Lebensraum und somit auch im gleichen religiösen Kontext, bis wir bestimmte, selbstgestellte Aufgaben, erfüllt haben.

Demzufolge erinnern sich häufig unsere Seelen auch an positive, liebende, und schützende spirituelle Erfahrungen aus früherer Leben.

Die dürfte einer der Gründe sein, warum sich viele von uns in alten Kirchen mit den Bildnissen vertrauter religiöser Szenarien ruhig, geborgen und aufgeben fühlen.

Wir erinnern uns dann einfach an die Darstellungen der Heiligen, wie auch zum Beispiel an den Heiligen Christophorus. Und wie im alltäglichen Leben auch, vertrauen wir uns gerne unseren längsten, loyalsten Freunden an.

Doch nun zurück zum Heiligen Christophorus. Dieser Heilige ist ein wundervoller, zuverlässiger Begleiter unserer Seelenreise. Traditionell ist er bekannt für seinen Schutz auf Reisen.

Ich schätze ihn darüber hinaus auch als Begleiter meiner spirituellen Entwicklungsreise und erbitte gerne sein Geleit auch für meine meditativen Reisen in die Geistige Welt.

Zum Verständnis seiner Verehrung möchte ich Ihnen gerne die Legende des Heiligen Christophorus in Erinnerung bringen.

Christophorus trägt das Jesuskind über das Wasser
Die bekannte Legende vom Christusträger kommt im 13. Jahrhundert auf. Nachdem Christophorus den Teufel verlässt, beschließt er, Jesus Christus zu dienen, indem er Menschen auf dem Rücken über einen gefährlichen Fluss trägt. Nachts hört Christophorus eine Kinderstimme rufen und sieht ein Kind, das er hinübertragen soll. Als er aber mit diesem Kind auf der

Schulter ins Wasser steigt, wird die Last immer schwerer, das Wasser steigt an und Christophorus fürchtet zu ertrinken. Er glaubt, die ganze Welt ruhe auf seinen Schultern. „Mehr als die Welt hast du getragen", sagt das Kind zu ihm, „der Herr, der die Welt erschaffen hat, war deine Bürde". Das Kind drückt ihn unter das Wasser und tauft ihn so.

Am Ufer erkennt Christophorus Christus als seinen Herrn, der ihm aufträgt, ans andere Ufer zurückzukehren und seinen Stab in den Boden zu stecken. Zur Bestätigung seiner Taufe werde sein Stab grünen und blühen. Als Christophorus am Morgen erwacht, sieht er, dass aus seinem Stab tatsächlich ein Palmbaum mit Früchten gewachsen ist.[2]

---

2   Quelle: www.erzbistum-koeln.de

Gebete zum Heiligen Christophorus

Heiliger Christophorus,
da du den Sohn Gottes durch das gefährliche
Wasser gebracht hast,
wir bitten dich, sei unser Schutz
auf all unseren Wegen.

Schütze unsere Reisen, sei es mit der Bahn,
dem Auto, dem Flugzeug oder dem Schiff.

Halte jegliches Unheil von uns fern und öffne
unseren Blick für die Bedürfnisse der Anderen.

Stärke unseren Glauben, schütze uns mit
deinem Licht vor negativen Energien und
verwandle auch uns zu Christusträgern.

So sei es, Amen!

Kurzgebete:

Heiliger Christophorus, auf deine Fürsprache
bewahre uns Gott vor Unfall und plötzlichem Tod.

Heiliger Christophorus,
du hast das Christuskind sicher durch
die gefährlichen Fluten getragen.
Geleite auch uns alle durch die Gefahren
des Straßenverkehrs und gib, dass wir
durch unser Verhalten im Verkehr nie-
manden gefährden oder verletzen.

Heiliger Christophorus,
wir vertrauen uns dir an, mögest du uns
alle unsere Ziele sicher erreichen lassen!

Die von mir ausgewählten Heiligen, wie auch der
Heilige Christophorus, sind nicht die Einzigen, die
jederzeit dazu bereit sind uns und unsere Anliegen
zu unterstützen.
Sie finden im Internet mehrere gut zugängliche Auf-
listungen der Heiligen.
Finden Sie heraus, wer Ihre spirituelle Reise durch
das Leben künftig bereichern kann. Beispielsweise
der Heilige Franziskus oder der Heilige Leonhard
wenn Sie Anliegen rund um Ihre Tiere der Lichtwelt
anvertrauen möchten.
Bei verlorenen Gegenständen wenden Sie sich an
den Heiligen Antonius, ebenso bei Liebeskummer.
Der Heilige Antonius wird auch als Schutzpatron bei

der Partnersuche verehrt. Besonders intensiv wirken Anrufungen zum Heiligen Pater Pio, der in Italien schon fast als „Nationalheiliger" verehrt wird.

Er gilt als einer der großen Heiler am Firmament der Heiligen.

Ja, es warten unzählige schützende Engel, Lichtwesen und Heilige förmlich darauf uns zu unterstützen.

Wir sollten nicht müde werden, darauf zu vertrauen, dass es in jeder Situation und Lebenslage Hilfe aus der Lichtwelt gibt! Es liegt an uns, um Unterstützung zu Bitten!

An dieser Stelle möchte ich noch einem Impuls der Geistigen Welt folgend, das sehr bekanntgewordene Gebet zur Heiligen Martha mit Ihnen teilen.

Die Heilige Martha war die Schwester des Lazarus und beherbergte dereinst in Bethanien Jesus und seine Jüger.

Der Legende zufolge versprach ihr Jesus, dass er jederzeit Gebetsanliegen die durch ihre Fürsprach zu ihm kommen, erfüllen würde.

Das Gebet zur Heiligen Martha begleitet mich schon viele Jahre und ich möchte es nicht mehr missen.

Es wird wie eine Novene an neuen aufeinanderfolgenden Dienstagen gebetet.

An der markierten Stelle, können Sie Ihre individuellen Anliegen einfügen. Danach sollten Sie dreimal das Vaterunser, dreimal das Avamaria und dreimal das Ehre sei dem Vater beten.

Die neun Dienstage zu Ehren der hl. Martha

O heilige Martha, du Wunderbare,
ich nehme Zuflucht zu deiner Hilfe,
mich ganz auf dich verlassend,
dass du mir in meinen Nöten helfen
und in meinen Prüfungen beistehen wirst.
Zum Dank verspreche ich dir,
dieses Gebet überall zu verbreiten.

Bei der großen Freude,
welche dein Herz erfüllte,
als du in Deinem Heim in Bethanien
den Heiland der Welt beherbergtest,
flehe ich dich an, bitte für mich
und meine Familie, dass wir unseren Gott
in unseren Herzen bewahren,
und also das Heilmittel für unsere Bedürftigkeit
zu erlangen verdienen, vor allem bei dieser
Sorge, welche mich gegenwärtig bedrückt ...
*an dieser Stelle, sagt man Alles, was man sich
wünscht bzw. was einem am Herzen liegt".*

Ich flehe dich an, du Helferin in aller Not,
besiege die Schwierigkeiten,
so wie du den Drachen besiegt hast,
bis er zu deinen Füßen lag![3]

---

3 Quelle: www.notgebete.com

Ich wünsche Ihnen eine lichtvolle Reise durch die spirituelle Welt der lichtvollen Helfer!
Mögen die Engel Sie behüten und Ihre Wege segnen!
Ihre Sabine Göbel

Über die Autorin

Sabine Göbel, Jahrgang 1967, lebt und arbeitet in Bayern. Seit ihrer Jugend weiß sie um ihre mediale Begabung und bemüht sich verantwortungsvoll und bewusst damit umzugehen. Auf ihrem spirituellen Weg erforschte sie bereits in jungen Jahren die großen Weltreligionen. Besonders intensiv ist bis heute die Auseinandersetzung mit den christlichen Wurzeln, insbesondere der christlichen Mystik.

Es folgten zahlreiche Ausbildungen im Bereich des geistigen und energetischen Heilens und Streifzüge durch verschiedene schamanische Traditionen.

Um in ihrer eigenen Praxis professionelles Coaching und spirituelle Beratungen auf hohem Niveau anzubieten, erweiterte sie ihr Fundament mit der Ausbildung zur Familien-, Paartherapeutischen- und Gesprächspsychologischen Beraterin.

Da ihr die präventive Arbeit im Sinne einer zeitgemäßen Work-Life-Balance besonders am Herzen liegt, folgten noch die Ausbildungen zur Lehrerin für Autogenes Training und NLP.

Gerne vermittelt sie ihr umfangreiches Fachwissen auch in ihren Seminaren für die Seele und rund um die Welt der Engel. Ihre eigene spirituelle Heimat hat sie im Dialog mit der Engelwelt gefunden. Inspiriert vom Wirken der heilenden Engelkräfte entstand die eigene energetische Heilmethode „Angel Light and Healing Work®".

Diese Selbstheilungstechnik kann ebenfalls in Ausbildungen bei Sabine Göbel erlernt werden.

Mehr Informationen zu Beratungen, Seminaren und Klangschalen-Kursen usw. erhalten Sie unter www. sabine-goebel.de oder unter Tel. 0049/(0)171/1872265.

Von Sabine Göbel bisher erschienen:

Die spirituelle Welt ist nicht verschlossen - den Schlüssel tragen wir im Herzen (2011)
ISBN: 978-3-93406-3631

Die spirituelle Dimension der Heilung - Ja zum Geistigen Heilen. (2012)
ISBN: 978-3-84822-4241

Engelenergetik - das heilende Licht der Engelwelt(2013)
ISBN: 978-3-73224-6236

Die Rauhnächte - eine magische Zeit für Visionen und Wunscherfüllung (2020)
ISBN 978-3-75266-2504